달의 기도

달의 기도

초판 1쇄 발행 2025년 8월 25일

지은이 | 길향숙
만든이 | 이한나
펴낸이 | 이영규
펴낸곳 | 도서출판 그린아이

등록 연월일 | 2003. 12. 02.
등록 번호 | 제2-3893호
주소 | 서울특별시 은평구 녹번로 6-11, 201호
전화 | 02)355-3035
이메일 | gmh2269@hanmail.net

ⓒ길향숙, 2025

책값은 뒤표지에 있습니다.
잘못 만들어진 책은 바꾸어 드립니다.
무단 전재 및 복제를 금합니다.

ISBN 979-11-91376-57-9(03810)

달의 기도

길향숙 시집

그린아이

머리글

　초등학교 4학년 손녀가 헐레벌떡 뛰어 들어오며 격앙된 목소리로 말했다.

"할머니, 할머니, 오늘 6교시를 했거든요.
　그런데 6교시가 하나도 힘들지 않았어요.
　왜 그런지 아세요? 마지막 시간이 미술이었거든요."

　그림 그릴 때가 가장 행복하다는 아이, 좋아하는 것을 할 때는 노동이라도 놀이가 될 수 있다.

　불면증이 찾아온 지가 오래되었고 최근 몇 년은 그 정도가 심해졌다.
　괴롭고 우울한 시간을 보내다 문득,
　'기왕 못 자는 잠, 이 시간을 유익하게 보낼 방법이 있지 않을까?' 하는 생각에 미치게 되었다.

이것저것 기웃거리다, 결국 문학에 관련된 책과 동영상 강의를 찾아보며 좀 더 적극적으로 습작을 하게 되었다.

그동안에도 내키는 계절이면 시나 수필을 써오곤 했지만 이제는 매일 밤 컴퓨터를 켠다.

불면은 시달리는 시간이 아니라 시를 달이는 시간(?), 말이 좀 외람되기는 하지만, 마음을 바꾸고 나니 '시간 부자'가 되어 있었다.

발전을 기도하며, 미흡한 대로 시들을 엮어 두고 싶어 용기를 낸다.

미술이 좋아 6교시가 힘들지 않은 손녀처럼, 좋아하는 일이 있어 불면도 두렵지 않으니, 시의 수준은 떠나서 하나님께서 이렇게, 내가 좋아서 놀이로 하는 일을 주신 것에 감사하다.

차례

머리글...4

| 제1부
목련꽃 그 집

양파...12
화해...13
사랑의 과정...14
목련꽃 그 집...15
봄밤 풍경...16
달의 기도...17
수면제...18
달...19
감자...20
물가에서...21
길을 내는 사람...22
호두에게...23
애기똥풀꽃...24
내일은 추석...25
불면...26
겨울밤...27
택배 왔습니다...28
어머니의 밥상이 그리워...30
고구마 캐던 날...31
사탕을 사며...32

제2부
계절과 계절 사이

입춘立春…36
개명…37
계절과 계절 사이…38
낮달…39
양수리의 봄…40
풀꽃…41
오수午睡…42
휴식을 위하여…43
밥 한번 먹자…44
마석 장날…46
그냥 걸어봤다…48
아버지의 땅…49
아버지의 유산…50
가을 표정…52
별…53
아파트 동화童話…54
단풍…55
아침의 기도…56
강 건넛마을…57

차례

제3부
그대, 그리고 나

그대, 그리고 나 -결혼기념일...60
입추立秋...61
모과...62
남이섬 스케치...63
우체통...64
환골탈태換骨奪胎...66
계절성 감성 장애...68
친구란...70
커피 딜레마...72
도리깨질...73
옛 동료...74
요요...76
봄, 봄...77
소풍날...78
신발...79
봄비...80
봄볕...81
느티나무...82
한편 강도...83
달력...84
가을비...85

제4부
겨울이 입장할 때

겨울이 입장할 때…88
눈사람…89
세모에…90
친구에게…91
카타콤에서…92
이월 (1)…94
이월 (2)…95
삼월…96
봄눈…97
수상한 겨울…98
서둘러 핀 꽃…99
혹서, 2025…100
정리하기…101
망초꽃에 스친 바람…102
쓴맛…103
다산의 집에 들어…104
낙화…106
폐막식…107

작품 해설 희망을 노래하는 삶의 판타지…109

제1부

목련꽃 그 집

양파

세모에
마지막 달력을 뗀다

이제 열두 겹의 양파 껍질
다 벗겨냈네

한 겹 또 한 겹 벗길 때마다
매운 눈물 쏟아지고

눈물 쏟을 때마다 함께
울어주시는 분 계셨지

자식은 내 손에 든 양파였는데
아~ 나 또한
주님 손에 들린 양파였구나.

화해

예순이와 싸운 지
삼 일 되던 날
앞서거니 뒤서거니
입 꾹 다문 하굣길

예전처럼 동네 어귀
논두렁에 앉아
자운영, 패랭이,
제비꽃을 땄다

한 움큼 풀꽃을 쥐고
서로 다가섰는데
차마 내밀지 못해
노을빛이 애를 태웠다.

*2022년 서울 지하철 시 공모 선정작.

사랑의 과정

들꽃에게 물었다

왜 흔들리니
바람이 다정하게 말을 걸어왔어요

왜 떨고 있니
바람이 갑자기 쌀쌀해졌어요

왜 울고 있니
떠나간 바람이 그리워요.

목련꽃 그 집

사그락사그락
감나무잎 그림자 사이로
햇살의 유희에 마당이 어지럽고

남새밭 청상추 보리밥 쌈이 달던
찬란한 그리움 한 채가
마음속에 있다

바지랑대 높이 푸른 창공에
해진 양말 어린 옷소매로 익어가던
빨랫줄 끊어진 지 오래고

힘에 지친 어머니 대신 목청 돋우던
툇마루 다듬잇돌, 우물가 확독이
간 데 없건만

아버지 심으셨던
자목련은 홀로, 기다림에
숨 멎도록 물들었다.

봄밤 풍경

벚꽃이 분치장 마치고
금발을 풀어 내린 개나리와
나란히 외출 나온 밤

사륵사륵 길가에
달빛이 내려앉고
밤바람은 거기 머물며
긴 숨으로 꽃향기를 마신다

누군가 앉았다 간 자리
따스한 그림자 남은
꽃그늘 벤치에

길 잃은 고양이
꼬리 감고 잠이 드니

쓸쓸함도
몇 차례 가다 되돌아와
제자리를 서성인다.

달의 기도

사노라면 나도 모르게
어느새 사나운 욕심
미움 불쑥 자라
만월이 되어 있습니다

이럴 땐 매일매일
조금씩 덜어냅니다

시퍼렇게 착색되어 버린 위선과
비곗덩어리 같은 이기심도
여러 날 몸부림치며 녹여내다 보면
그믐달로 돌아오게 됩니다

그렇게
빈 그릇 되어서야 별을 담고
바람도 한껏 안을 수 있습니다.

수면제

의사의 처방전을 들고
잠을 사러 약국에 간다

한 달 수면값은 5,600원
봉지 안에 담긴
달빛 같은 무게를 안고
돌아오는 길

믿음의 사람이 왜 잠을 못 자냐며
꾸짖는 이웃도 있고
부작용 무섭다
걱정하는 친구도 있지만

괜찮아 괜찮아
가끔은 바람도
기댈 벽이 필요하잖아

오늘도 가난한 내 마음
한 달치 양식을 장만한 듯
흐뭇하다.

달

밤마다 창가에 찾아오던

마알간 달이 아쉬워라

아쉬워라 이사하는 날

서먹한 동네에 짐을 푼 저녁

창문 두드리는 소리에

커튼 젖히니 그 달이 와 있다

주소도 가르쳐 주지 않았는데

나를 생각하는 네 마음이

그러한가 하여

한참을 바라보고 서 있었네.

감자

다용도실 시래기 걸린 벽면
인상 찌푸린 박스 하나 엎었더니
밑바닥에 깔려 썩은 감자

무거운 것은
쌓아 두지 말자

세상을 잃었다고 눈물 담아
봉해 두지 말며
억울하게 졌다고 증오의
탑을 짓지도 말자

넘치는 것이라면 바삐 소비하고
쌓인 것이라면 애써 나누자

멍들고 병들어 곪아터질
세상 보물 다 흙 묻은
감자 아닌가.

물가에서

살아가는 날들의 진실이
이끼처럼 덮이고 눈이 감길 때
조용히 물길을 따라나선다

굳이 앞서려 하지 않고
어디에 닿으려 애쓰지도 않고
그저 낮은 곳으로 흘러
묵은 슬픔마저 조용히 데리고 가는
발걸음

바위에 부딪혀도
모난 마음 들추지 않고
둥글게 둥글게 감싸 안으며

흙이든 나무든
간절한 곳에 스며들어
생명을 틔우는 손길

물의 성품을 배우러 간다.

길을 내는 사람

쌀 익는 여주 들녘을 지나
시부모님 산소에 벌초 가는 날

인적도 없고 길도 없는 산
가시덤불, 칡넝쿨 우거진 숲을
낫을 든 남편이 앞서가며 길을 낸다

닦인 길 뒤따르다 머무는 눈길
수척한 그의 등에
울컥한 순간

산길보다 더 울창한 고난의 숲을
나, 어떻게 헤쳐 나왔을까
앞장서서 길 내주는
저 사람이 없었다면.

호두에게

나도 너처럼
내면을 단속하고 싶다

확신으로 꽉 찬
의연함으로
삶을 지켜내고 싶다

사랑이 오거나 미움이 오거나
흔들림 없는 품위로
옷 입고

비를 맞아도
젖지 않는 너에게
당돌함 배우고 싶다.

애기똥풀꽃

젖 냄새 폴폴 날리는
애기똥풀꽃 핀 들길 걷다

향긋한 내 애기 똥 씻은 기저귀
그 동네 나부끼고
밤낮 부르던 자장가 추억에 겨워
마흔 아들에게 전화를 건다

날마다 새롭게 지어내던 너의 웃음
엄마를 처음 알아보던 눈빛
그날의 기쁨이 봄길에 찾아와
이렇게 물들였노라 하려 했는데

엄마 안부 채 마치기도 전에
백일 지난 자신의 아들 벌써
배밀이를 한다, 말을 따라 한다
바쁘다던 이 녀석 통화 길다

나는 아련한 그리움인데
너는 오늘 아침이 눈부시구나.

내일은 추석

송편 찌고 고깃국 끓는 가마솥
굴뚝으로 도란도란
이야기꽃 피어오르고

신작로에 나간 조무래기들
하루해 기다림 끝에

자욱한 흙먼지 가르고
차장이 문에 매달린 버스가
언덕길 넘어서면

술병이 목을 내민 보따리와
빨간 플라스틱 끈으로 엮은
사과 바구니 함께 내리는
보름달 같은 언니.

불면

서걱이는 베개 끝에
하루의 피로를 매달아 놓고
잠을 찾아 나서는 삼경三更

달빛 젖은 창가
아스라한 기억들이
바람처럼 스쳐가고

내 생애 파노라마 가만히 되감아도
갈수록 명징해지는 의식

새벽닭 알람 소리에
이슬 털며 돌아오니
애타게 찾던 그가 와 있다

밤새 불면이던 가로등이 눈을 감자
비로소 나도 따라 잠든다.

겨울밤

설익은 노을 삼키고
체한 어둠이

달 한 조각
별 한 양푼

눈 덮인 마당가에
게워 놓은 겨울밤

잔기침 참으며
잠을 청하는데

뜰 앞을 배회하던 바람 소리
성에 낀 창문 두드리며
같이 눈길이나 걷자 한다

오지 않는 잠을
기다리지 말고 같이
노래나 부르자고 한다.

택배 왔습니다

상추밭 한 고랑이 고스란히
박스에 담겨 왔다

다루기 가벼워 그저
별것도 아닌 것을 보낸다며
한 잎 한 잎 묻어온
안부가 아삭거린다

햇살 한 트럭 내린 밭에
아침저녁 물동이를 기울이고
연둣빛 바람도 바삐
밭두렁을 오가며 길러냈겠지

오늘 저녁 식탁
채반에 수북이 올라온 건
그저 채소가 아니다

이른봄부터 흘렸을
땀과 정성
먼길 멀미 끝에 여기 도착한
반갑고 두터운 정

우리는 지금
그 깊이를 음미하는 중이다.

어머니의 밥상이 그리워

장을 담그는 날은, 나도
진정 어머니가 된 기분이다

봄바람 기웃기웃
참견하는 옥상 풍경으로

하늘 한 폭 내려앉은 항아리에
소금 같은 흰구름 녹아들면

간장보다 짠 눈물에 빠져 살면서
슬픔 우려 맛을 내던 어머니 손길

하얀 곰팡이 꽃 머리에 꽂고
된장국 간 맞추며 웃음 짓던 얼굴이
염도 재던 달걀처럼
항아리에 떠오른다

장을 담그는 날엔.

고구마 캐던 날

엄마랑 소쿠리 가득 고구마를 이고
이리 비틀 저리 비틀 걸어가는 길

키다리 수숫대와 꼬마 차조도
뒤뚱뒤뚱 짐을 지고 따라오네요

허수아비 졸고 있나 누가 망볼까
출출한 참새 떼들 가위 바위 보

진흙에 발목 잡힌 벼 포기들도
남실남실 쌀을 이고 떠나고파라.

사탕을 사며

누군가에게 짐이 된다는 것은
슬픈 까닭이다
하물며 자식에게랴

생떼를 써가며 굳이 굳이
요양원에 가신다는 우리 엄마

가랑잎처럼 바스락대는
생면부지 노인 곁에
검불 같은 삭신을 부려 놓으니
이곳은 집일까 들판일까

허름한 단칸살이라도
설움 녹이는 아랫목이 있고
김치 한 쪽이라도
사는 맛이 나던 내 집
잊어야지

등불 같은 그리움 다독이며
결국 꿈을 이루고 흐뭇한 엄마와
그 선택 존중하고 마는
우리들과의 간극

시설 좋다 친절하다, 속절없이
위장된 위로를 주고받으며

오늘도
면회 신청해 놓고
사탕을 산다.

제2부

계절과 계절 사이

입춘立春

여러 날 눈치 살피며
쓸쓸한 눈 위로

발자국만 남기고
돌아서던 그가

오늘은 결심이 섰는지
안개꽃 무늬 햇살
한아름 안고

매섭게 빗장 걸고 돌아앉은
언 강물에 다가가 속삭인다

"이제 그만 풀어"
안고 온 진심을 살며시
얼음장 위에 올려놓는다.

개명

점순이는 고은이로
봉자는 해경이로
이름을 바꾸었다는데

할미꽃이 뭐야
나도 얼른 바꾸고 싶어
사랑을 시작하기 전에.

계절과 계절 사이

속초 앞바다 갈매기가
진눈깨비에 젖는 하루

파도는 끊임없이 밀려와
하나님이 그어놓은 선 딱 거기까지

왔다가 물러서고 왔다가 물러서고
결코 그 선을 넘지 않는데

해상의 눈과 비는 서로
제 영역 지켜보겠다고
온종일 뒤섞여 다툰다, 그러나

파도가 거기까지인 것처럼 겨울도
이미 그어진 선을 넘지는 못한다는
진실을 바다는 알고 있다.

낮달

어젯밤에는

연못에 퐁당 빠져 멱을 감더니

오늘 낮엔 하늘에 두둥실 떠 있네

하얗게 씻은 몸

구름을 끌어다 살폿 가리네

아~

황홀한 살내음.

양수리의 봄

바람 서늘한 두물머리
오슬오슬 강물 타는 2월
흰뺨검둥오리를 따라
걷는 마음 애잔하다

연蓮잎 마른 숲 검불 속에서
언 강 풀리기만 기다렸다며

이리저리 방황하듯 떠도는
얼음 조각 밀쳐내고
이것이 삶이라 뛰어들었지만

아직은 네 세상도 차갑겠구나
직장 옮겨 첫 출근한
내 아들처럼.

풀꽃

벚꽃 피자 몰려나온 사람들
탄성 드높던 날
휘영청 벚꽃나무 그늘에

꽃다지, 씀바귀, 좁쌀냉이꽃
나직하게 노래하고 있었다

차가운 시간 이겨내고
피우느라 애썼다
눈 마주치며

이제서야 이름을 묻게 된
꽃마리와 봄까치꽃 옆으로
나도 살며시 피어난다.

오수午睡

부러진 낫 끝으로 만든 칼
해진 대바구니에 담아
자드락 양지녘 나물 캐러 가면

아장아장 봄볕이 다가와
반짝이는 아홉 살
단발머리 위로 모여 앉고

보리밭 이랑마다 나비 떼
나른나른 꿈을 꾸었다

노란 햇살 노랑나비
내 노란 원피스
그날 우린 함께 졸았지

점순 할아비 묘지 앞에서
꼬박꼬박
할미꽃도 함께 졸았지.

휴식을 위하여

그렇게 성실하던 벽시계가
하던 일을 멈추고 쉬고 있다

건전지를 바꿔주려고
다가가다가 멈춰선다
조금 더 쉬었다 가려므나

햇살은 소파에 스르르 잠들고
책상 위의 책도 펴는 이 없어
정적이 깊어가는 오후

쉼 없이 일해 온 너
그리고 나인데
조금만 더 쉬었다 가자꾸나.

밥 한번 먹자

좋은 사람과 밥을 먹자
뜨거운 국물에
푸석한 마음을 말면
풀죽은 하루가 살아난다

삶을 데치고, 웃음을 무쳐
잘 차려진 한 상
젓가락 부딪치며
정을 나누다 보면

비운 밥그릇처럼
어깨는 가벼워지고
생수처럼 맑아지는 영혼
살아볼 용기가 솟는다

"밥이나 한번 먹자"
진심일 때만 이 말을 하자

맛을 의지하여
위로하고 싶을 때
위로받고 싶을 때.

마석 장날

애호박 고명이 가지런한
장터국수를 먹을 때
그 맛에 실망이란 없다

바람은 날개같이 가벼운
봄옷 한 벌 사 입을까
이 가게 저 가게 들락거리고

햇볕도 굽 낮은 신발 골라놓고
가만가만 발을 넣어보는데

채소밭이 좌판 위로 푸르러
내가 낸 돈은 만 원이지만
봉지마다 열 배, 정이 담긴다

내 마음
찬밥처럼 쓸쓸해지는 날 찾아가
호떡집 긴 줄에 서 볼까
망설이고 있을 때면

한 사람쯤 인사 건네며
빈대떡 사주겠다 끌고 가는
이웃이 있는 곳

나는 서민이라 다행이다
살아 있는 날들이
이렇게 따뜻해서.

그냥 걸어봤다

불쑥 걸려온 전화 한 통이
귀찮을 때가 있었습니다
잘 지내냐, 그냥 걸어봤다

필시 짝사랑인지라
다소 냉정한 수신자의 반응에도
섭섭다 하소연은 못하십니다

바쁠까 폐 될까 망설이다
함축한 그 한마디
"그냥 걸어봤다"

비로소 깨달은 그 의미
가시처럼 목에 걸리고
속이 아린데

아버지
그런 전화
다시 안 하십니다.

아버지의 땅

지금 그 산에도 비가 내리겠지요
당신의 육 남매 뛰놀던 들판과

한 뼘 한 뼘 허리띠 동이고
당신이 사 모았던 전답으로 가득

푸른 잎이 돋아나는 것을
내려다보시겠지요

10년 후 따 먹거라, 후일을 내다보며
담 곁에 심으셨던 자두나무와

무덤가 진달래 줄기마다
그리움의 봄비는 내리고

내일이면 희고 붉은 꽃이
당신의 웃음처럼 피어나겠지요.

아버지의 유산

저는 오늘
세상에서 가장 다정했던 벗을
흙으로 보내드렸습니다

매일 아침 전화벨을 울려주고
53년 한결같이
가거라 오거라 마주해 오던
아버지와 이별했습니다

저는 오늘
세상에서 가장 두꺼운 백과사전을
땅에 묻었습니다

답답한 일 급한 일 만날 때마다
가슴 쓸어내리며 찾아가면
뒤엉킨 문제 술술 풀어 답을 내주시던
인생의 참고서를 잃었습니다

자신의 병 깊어가는 줄도 모르고
아픈 몸 이끌고 약재상 뒤져
기침 고치거라!
손수 달여 보내온 한약

냉장고 안 깊숙이 밀어 두었다가
이제야 한 컵 따라놓고
눈물을 섞어 마십니다

나는 갈 때가 되었다
하나님 아버지가 오라 하시는데
의사가 나를 붙잡겠느냐
너희들이 나를 붙잡겠느냐

아름다운 신앙의 유산 남겨놓고
눈에 보이듯 천국 길을 가셨지만
그래도 보고 싶네요
목소리도 듣고 싶고요.

가을 표정

논바닥 아프게 갈라지던 날
홍수로 태풍으로 무너지던 날
버림받은 줄 알았습니다

숨길 막아놓고
연일 끓여대던 화염도
형벌일까 저주일까
절망에 몸부림을 쳤습니다.

그러던 어느 밤
달빛에 출렁이는 황금빛 은총,
여문 곡식 알알이 채워주심 깨닫고

망망 들판에 고개를 숙인
저 이삭들

"시련은
 과정일 뿐이었어요"

별

눈 위의 발자국은

숨길 수가 없지

애써 푸르던 나뭇잎도 결국

제 속내 다 드러내고

단풍이 되더라

소녀의 슬픈 눈망울처럼

밤마다 쏟아놓을 듯 그렁그렁

별아 그건

누굴 향한 그리움이니.

아파트 동화童話

연줄 풀어 띄워놓은 방패연처럼
우리 집은
아스라이 하늘에 나부낍니다

휘파람 불며 스며든 바람이
팔락팔락 책장 넘기며
식탁의 시집을 읽어주면

물통 지고 밭일 가던 구름
창틀에 앉아 귀 기울이다, 화분에
물 한 바가지 퍼주고 가는 길목

빛 배달부 해와 달도 차를 세우고
눈부신 희망 한아름
풀어놓고 갑니다

무지개 걸린 베란다에 벤치를
내놓았어요
먼 길 가는 별빛, 쉬어가라고.

단풍

그토록 푸르르고
씩씩하기만 하더니

무슨 말을 하려고 그렇게
얼굴을 붉혔니

단풍에 귀 기울이며
설레는 가을날.

아침의 기도

칠월의 해가 타는 밭으로
슬며시 산그늘 내려오면
숨죽은 잎 줄기 일어나
한나절 넉넉히 견뎌내고

가물어 갈라진 논바닥에 선 벼들도
행인 같은 소나기 한걸음에
절망의 고비 넘기듯

내 수줍은 말 한마디가
한낮의 여름 길, 양산이 되고

표시 없는 작은 손길이라도
기진한 무릎에 힘을 주는
물 한 그릇 될 수 있다면

오늘 하루를
아끼지 않겠습니다.

강 건넛마을

이상한 섬이 있었다
다리가 놓였으되 건널 수 없고
배가 떴으되 닿지 못할
이상한 육지가 있었다

물줄기 하나 사이 건너편에는
이마를 맞댄 양철지붕들 오롯하고
왜소한 체구의 동포들
정갈한 논밭 한창 푸르렀는데

먼발치 숨어 보는 사랑
그 흙 한줌 꼬옥 쥐어
입 맞추고 싶어라

타국 땅 돌아 돌아
두만강 나들이, 비는 내리고
돌이키는 걸음이
슬픔에 빠졌다.

제3부

그대, 그리고 나

그대, 그리고 나
−결혼기념일

사랑하느냐 좋아하느냐
묻지도 따지지도 않고

서로에게
단풍잎처럼 물들고
골짜기처럼 주름 깊어졌다

눈부신 봄이 마흔 번을 지나가고
지켜온, 그해 시월의 약속을 떠올리며
남은 계절을 계수해 본다

언젠가
누구는 가고 누구는 남아
그리워하며 사는 날도 오겠지

노인 우대 전철 카드 쥐고
이쪽이라고 저쪽이라고
서로 길안내하는
그대, 그리고 나.

입추 立秋

노을빛 은은히 구름 물들여
엷은 바람에 깃털처럼 흩어지는
여름 끝으로

초롱초롱 별무리 금계국은
꽃길 따라나선 마음에 수놓은
함초롬 그리움

식어가는 바람에 신열 내리니
나뭇가지 새들도 부풀어
들뜬 목청 가다듬고

야트막한 산에서 들려오는
멧비둘기 슬픈 고향 전설을
손 잡고 함께 걷는 세 살 손녀가
연신 흉내낸다

구구 국국 구구 구욱구욱
썩 어울리는 듀엣.

모과

겹겹이 눌러 담은
삶의 농도를 이기지 못하고
골목에 떨어져 구르는
상처투성이 모과

발끝에 툭 걸리니
우르르 쏟아지는 향기

소리 없이
한 해의 쓴 말을 모아
노랗게 삭힌 맛이
가슴으로 스며든다

언덕에
풍상으로 익은
당신이 웃을 때처럼.

남이섬 스케치

시월의 오후가
배용준 최지우의
빛바랜 사진 위로 내려앉은
남이섬

초가지붕에는 공작새
낙엽 지는 숲에서는 까치가
짝을 지어 두 배우의
역할극을 펼치고 있었다

겨울연가冬季恋歌의
애절함을 잊지 못하는
외국인들도 줄을 이어
강을 건너고

사랑의 전설을 재연하듯
입맞춤하며
가로수길을 걷는 연인들도
자연스러워, 모두
드라마의 한 장면 같았다.

우체통

파란 펜 물에 젖은 사랑을
돋나물 글씨체 우정을

두텁고 슬픈 사연들로
허기를 채우며
편지 쓰던 시절이 있었다

기다림이 그리운 오후
양평 소나기마을
수수깡 움막 사이로

창백한 편지 봉투 같은
가을빛이 배달되고

우체통 앞을
서성이던 어떤 사람은
옛적에 쓰지 못했던
답장 생각에

낙엽 한 잎 주워들고
펜을 찾는다.

*황순원 문학관에서.

환골탈태 換骨奪胎

가슴을 녹여 봐
진심을 다 털어내 봐

뜬구름 같은 느끼함 걷어내고
담백하고 기품 있게 거듭나야지

속 비침 없는
단정한 빛깔 나올 때까지

더 도톰하게 졸여 봐
더 촘촘하게 포개 봐

초승달처럼 참하게 도려내 봐
봄 거리 간명한 미니스커트처럼

"바로 이 맛이야"
무릎 탁 치는 정점
황홀의 경지 이를 때까지

고슬고슬 뜸든 쌀밥이
풍덩 뛰어들고 싶어질 때까지

점점 고와지는
점점 고아지는

새파란 가스불 위의
사골국.

계절성 감성 장애

거울 앞에 선 내가
평소보다 예뻐 보이면
가을이 온 거다

입지도 못할 옷에 돈을 쓰고
외출도 없는데
미용실을 들락거리고
립스틱 색깔마저 바뀌었다면
가을이 온 거다

창문을 닫아걸고
슬픈 노래를 배운다면,
창고를 뒤적여 오래전
전화번호부를 찾고 있다면, 분명히
가을이 온 거다

하늘을 베어 물고
단풍잎 그늘에서
포목점 견본 같은 낙엽을 모을 때

기쁘기도 하고, 슬프기도 하고
내가 좀 이상해진 것은
다 가을 탓이다.

친구란

목마를 때 샘물처럼
그리워지는 사람이다

추운 날은 화롯불처럼
따뜻해지는 사람이고
어두운 날엔 등불처럼
기댈 수 있는 사람이다

눈물 날 땐 손수건처럼
먼저 눈을 적시는 사람

모두에게 부끄럽고
나조차 나를 외면할 때
조용히 내 이름 불러주는 사람

몸은 멀어도 마음 늘 가까이
짐은 나눠 들고
기쁨은 더해지는

천 개의 이름으로도
다 담아낼 수 없는
그런 사람이다.

커피 딜레마

간밤엔 잠을 놓쳤는데
아침엔 정신줄을 놓쳐
또 커피를 탄다

모험처럼 자욱한 향기에 이끌려
몸 깊이 투명한 색소를 투입하고 나면
뛰기도 하고 날기도 하는, 나는
체험적 신비주의자

오늘 아침도
또렷한 하루를 위한
협상 테이블에 앉아
대책 없이
밤잠을 저당잡히고 말았다

지금 나는 로딩 중.

도리깨질

가을마당에서
치마를 걷고
콩쥐 팥쥐 자매가
매를 맞는다

노랑 구슬 빨강 구슬
어서 내놓으라고
타닥타닥 엄마가
종아리를 때린다

입을 꼭 다물고
시치미 뚝 떼더니
세 줄 매에 주룩주룩
주머니를 쏟는다

마당은 알록달록
모자이크 판
가을 곡간은 울 엄마
구슬 상자네.

옛 동료

창틀에 앉아 있던
묵은 바람 탓이었을까
걷다 멈춘 발끝에
마른 잎 때문이었을까

불현듯,
옛 기억의 서랍 뒤적이다
익숙한 이름 하나 발견한다

손차양으로 햇살 가리며
칼국수집을 찾아다니고
야근 때면 머리 맞댄 사다리타기

복사기 앞에서 서로 양보하며
자판기 커피를 나누었지

시간으로 익힌 포도주 향기처럼
오래전 누군가의 이름은
시간이 은은히 빚어낸

발효된 정서

뜻밖에도
그것은 그리움이었다.

요요

저울 위의 여인
줄었다 늘었다 사이즈
한 해에도 열두 번 변한다

"오늘은 날씬한 초승달아
 너도 그렇지
 요요가 숙명인 그녀 같구나"

봄, 봄

진달래
꽃불이 타오르는 산
바람에 번져가는 전염병

파도를 타고 오는
그리움의 정체

싸늘한 빗방울
한사코 훼방해 봐야
잡히지 않는 불길

질주하는 저 사랑
봄, 봄.

소풍날

벚꽃 흐드러진
신작로를 걸어온 아침이
다람쥐도 둘러앉아
도시락을 먹던 정오가

수채화 같은 풍경으로
누군가의 기억에 걸린다

파문처럼 번져가던
노랫소리, 웃음소리는
골짜기 적막을 깨뜨리고

삼삼오오 폼을 재며
그들의 청춘은
흑백의 사진 속으로 들어갔다

까치 같은 교복의 소년 소녀들
귀가 행렬에 해는 지고
입학 후 첫 소풍
멀찍이 닿은 그 눈빛은

사랑이었을까
우정이었을까.

신발

아침에 신으면 벗지 못하고
밤이 돼야 현관에 벗어놓는
신발 한 켤레

굽이 닳은 허름한 신발을 보면
엄마가 신발짝 같아서
엄마 인생을 헌신짝 되게 해서
눈물이 나더라던 아이가

그 신발을 보며 마음을 돌이켰다니
가슴 치던 기도
두 짝 가득 받고도 남던 눈물
슬플 게 뭐 있겠나

하루 종일 거친 길 지친 걸음
감사치 못할 게 뭐 있겠나.

봄비

비가 내리네
봄볕을 쏟아붓고 달인 보약이
값없이 하늘에서 내려오네

산야와 초목 전신으로
극상품 영양제를 받아 마시며
숨 멈추는 환희의 순간

볕으로는 닿을 수 없어 땅속 깊이
수액 맞히고
겨우내 붇고 터진 상흔 고치시네

비가 내리네
내 상심의 마른 벌판으로
은총이 내려오네.

봄볕

이른 아침 유리창 두드리며
불쑥 찾아온 무례한 그녀와
찻잔 돌리며 마주하지 못하고
출근하는 게 아쉬웠어

혼자 남겨진 강아지처럼
그녀는 내 집에서 주인을 기다릴까
더딘 시침時針 떠밀며 퇴근을 서둘렀지

머물렀던 자리 아직 체온 식지 않았고
빨래 손질해 바삭바삭 말려놓았는데
명랑한 그 얼굴 그림자만 남겼네

등뒤에 웃음소리 돌아보니
어스름 창가에 그녀 닮은 카랑코에
삭막함 몰아내고
자신을 피워놓고 갔구나

깝깝한 내 삶에 봄볕 들었네.

느티나무

떠나간 이들의 안부조차
아득한 마을
움푹 꺼진 지붕 위로
산비둘기 한 마리 내리고

마주 선 느티나무 한 쌍
풀만 수북한 무논에
그늘을 대고 서 있다
말도 잃고 웃음도 잃고

태풍에 빈집들 지키다 찢긴
어깨를 늘어뜨린 채

얼마 전,
허리 수술하고 돌아온 한 노인
유모차에 이끌려 대문을 나선다

가슴이 흔들리는 느티나무
그늘을 들어
그를 끌어안는다.

한편 강도

별들이 심장을 노려보고
달빛이 폐부를 파헤치던 밤

흘러온 시간은
먹물처럼 가슴을 적시고
돌이킬 수 없는 삶,
죄책감은 숨을 곳이 없었다

갈보리 그분 곁에서
침묵을 귀에 담던
한 죄인의 속삭임

"당신의 나라에 임하실 때
나를 기억하소서"

그의 마지막 열쇠가
문을 열었다.

달력

새해 아침 벽 한켠에
묵직한 한 해를 건다

기와집에도, 초가집에도
공평한 저울에 달아
배급처럼 나누어 주신
삼백예순 날

삼거리 칼국수집은 밀가루 함지에
노점상 어르신들은 나물 광주리에
자본 같은 나날을 선물 받고

수능 앞둔 입시생은
두둑한 시간을 책가방 속에 꾸린다

풍년을 기약하며
토광에 종자씨 다듬는 농부도
마음의 벽에
희망 한 폭 걸어 둔다.

가을비

숲속 연못은
하나님이 내다 놓으신
커다란 대야

하나님은
그 대야에 빗물을 받아
나뭇잎을 물들이려
물감을 풀으셨다

눈물이 어여쁜 그대
새파란 멍자욱을 지우고
가을이 되고 싶은 사람아

우산을 접고 숲으로 가자
슬픔도 물들이면
단풍 되리니.

제4부

겨울이 입장할 때

겨울이 입장할 때

금남리, 테라스가 있는 카페
찻잔 속에 햇살이 기울 때
저만치 강을 건너가는
가을의 뒷모습이 보인다

자이로드롭 대기선에 섰거나
번지점프대 끝에 선 누군가처럼
강물도 땅도 나무도
초읽기에 들어갔다

다가올 추위, 그 스릴을
기대하면서

나뭇잎은 다 내려왔고
햇살은 과감하게 열기를 털었다
겨울은 그렇게
몸을 낮추며 입장한다.

눈사람

태워도 태워도
하얀 살
벗어도 벗어도
하얀 옷
찢겨도 찢겨도
하얀 피
미워도 미워도
하얀 맘.

세모에

지는 해가
산등성이에 걸려
걸어온 길
돌아다본다

산다는 것은
끊임없이
장애물을 넘어가는 일

높고 험한 산
거칠었던 바다도 끝내는
골짜기 채운 노을빛처럼
사무치게 아름다운 풍경이었음을

오늘 밤은 굳이
잠을 청할 필요가 없겠다.

친구에게

찻잔을 내려놓고 웃음 지으며
호두 한 쌍을 건네던
너의 손끝으로
또 한 계절이 다녀갔으리

단정히 포장된 상자 속에
고이 접은 편지처럼
너의 진실이 채워져 있는 것 같아
볼 때마다 시름이 녹는다

벼르고 별러 만났지만
바람 같은 스침일 뿐 아쉬움 길어
시간 외 대화는 그칠 줄 모르고

달그락달그락, 오늘도
흉허물없이 오가는 이야기가
견과류처럼 고소하다.

카타콤에서

빛 한 점 들지 않는
어둠 속에서
님들은
참 빛을 바라보셨겠습니다

미로처럼 깊고 긴 터널에서
님들은
참 길로 걸으셨겠습니다

주님도 모른다 하신
재림의 날을
꼭 오신다는 약속 하나 믿고
님들의 얼굴에 드리운 기쁨!

해도 달도 없이
비바람도 없이
주렁주렁 맺으신 그 열매로
사람들은
님들이 누구인지 알았겠습니다

생명이 무엇인지 깨달았기에
주저 없이 목숨 내걸고
님들이 차지했던 이름은
그리스도인!

그 이름을 오늘 내게 주시다니요
뭐 한 거 있다고
감히 내가
그리스도인이라니요.

이월(1)

팔락팔락
햇볕 드나들더니
응달에 모아 두었던
눈이 싹 사라졌다

섭이 삼촌도 그렇게
앞마당 드나들더니
울 고모를
데리고 가 버렸지.

이월(2)

배부른 새댁
만삭 사진 찍으러
스튜디오 가는 날

봄을 임신한 2월도
진통 오기 전
만삭 사진 찍으러 나왔다

포즈 취하자
하늘에서
환하게 라이트 켠다.

삼월

올 듯 말 듯
잡힐 듯 달아날 듯

밀당하는
봄바람 때문에
참을성 없는 꽃이

한 송이
두 송이
피고 만다.

봄눈

밤사이 소리 없이
황홀한 눈꽃
해 뜨자 곧 진다

아쉬워
가지에 발 구르는
까치의 아침

잠깐 만났다
헤어지는 것이
어디 봄눈뿐이랴.

수상한 겨울

철쭉꽃 피고
개구리 잠 못 든다는
뉴스 나오자

봉제선 솔기 뚫고
오리털이
꽃구경 나오고

겨우내 한 번
와보지 않던 눈도
이른 아침 서둘러 내려와

저도 꽃이라고
피었다.

서둘러 핀 꽃

솜조끼 주머니에
겨울의 끝자락 구겨 넣고
직박구리 지저귀는 산길 오르다
눈길 마주친 진달래꽃

속이 비치는 홑옷을 입고
겁먹은 눈동자,
입술을 파랗게 떠네

가랑잎 그러모아 덮어주며
왜 이렇게 급히 왔니
내일은 눈이 온다는데

조기유학 보채던 내 아이 같아
차마 발걸음 떼지 못하는
소소리바람 산자락
아직은 겨울.

혹서, 2025

바람도 지구에 머무는 일이
힘겨워 떠났는지
시무룩한 정원의 나무들
미동조차 고요하다

수상한 나날이 두려운 사람들은
문을 닫고, 차라리
냉방병을 선택한다

그늘도 그늘 되어주지 못하고
제 몸조차 가누지 못하니
자리를 옮겨가며
도망갈 궁리를 하는 정오

발바닥을 뚫고 올라온 지열만은 활활
신호등 앞 뛰는 난민들의 발자국을
구워내고 있다

한때 '여름'이라 불리던 날의 이상 징후
개천도 무논도 숨을 몰아쉬며
야위어가는 중복.

정리하기

얼마쯤 나누고
얼마쯤 버리면
더 또렷해진다

주제를 빛나게 하는
수묵화의 여백처럼

남은 그림자 있어
더욱 아름다운 반달처럼

너도, 나도
서로에게
전부일 필요는 없어.

망초꽃에 스친 바람

춘천 가는 길인데
마석 이정표가 보인다고 누군가
전화를 걸어올 때
나의 하루엔 구름이 걷힌다

천마산에 올랐다고
약수터 조롱박에 물을 받으며
해맑게 안부를 물어주거나

북한강변 어느 카페에 앉아
"못 보고 간다"
찻잔 속에 띄운 문자 하나

이 동네를 지날 때
길가의 망초꽃 같은 나에게
스치고 가는 바람 한 줄기
신선하다.

쓴맛

앞치마에 봄 들판을
싸안고 들어오신 어머니가
쑥국에 씀바귀 무치던
부뚜막에서 익힌 쓴맛

인생도 단맛보다 쓴맛이었지만
어지간하면 삼키고
소화해 낼 수 있었던 비결은
몸에 밴 그 쓴 나물 덕분이었다

더러 내뱉고 싶은
혀에 쓸개 같은 날들 닥칠 때면
익모초 대접 받쳐 들고

"눈 꼭 감고 단숨에 마시거라"
토닥토닥 쓴맛을 응원하시던
아버지 눈빛 떠올라
불끈 주먹 쥐고 일어서곤 한다.

다산의 집에 들어

붓끝에 묻은 바람 냄새
돌담이 말을 건네니
강물이 대답하네

목민관의 터는
마른 나무뿌리 곁에
풀잎의 언어를 알아듣는 자리

두물머리서 시작된 강은
강진마을을 돌아
백성의 마음까지 이르렀는가

유배의 섬
절망의 자리에서조차
천 가지 생각이 싹을 틔우고
바람은 고전을 넘기며 걷는다

무너진 나라에서
백 년 뒤를 바라보는 그 눈

"이 땅의 벗들이여 펴 읽으라"
끝도 없이 내일의 당부를 써 내려간
어찌 그리 맑고
깊은 정신이었을까.

낙화

그렇게 금세 가버릴 것을
찬서리 무릅쓰고
그 먼길을 달려왔던 거니

오늘쯤은 네 그늘에 덮여
그리웠던 맘 한 올 한 올
펼쳐놓으려 했었는데

화사한 웃음 거두어
밤 빗길 호졸근히
떠나가다니

햇살에 부서지는 아침
까막까치 우는 가지 아래
망연히 나를 홀로
세워두다니.

폐막식

신호등 바뀌자 은행잎
우르르 건널목 건너고

골짜기 가득한 단풍잎
언덕의 미루나무 잎도 서둘러
사거리 광장으로 모여든다

서풍 지휘봉에 가을의 왈츠 흐르자
일제히 날개를 펴는 무희들
철새 떼처럼 삽시간에 창공을 수놓는다

광활한 무대에 여울지는
품격 있는 저 작별의 몸짓

신께서 꾸미시는 가을 폐막식
서막 올랐다.

작품 해설

희망을 노래하는 삶의 판타지

김지원
시인, 전 한국크리스천문학가협회장

희망을 노래하는 삶의 판타지

김지원
시인, 전 한국크리스천문학가협회장

1.

시심의 뿌리는 동심이다.

순진무구한 세계를 추구하는 본질이 같고 지향하는 바가 같기 때문이다. 따라서 이런 이유로 동심은 시심의 원형이다. 물론 대상을 어린아이와 어른으로 구분하여 말할 수 있겠지만, 동시가 오직 어린이만을 대상으로 하는 것이 아니라 어른을 위해서도 쓰여진다는 사실을 감안하면 이 또한 설득력이 없다. 특별히 '어린이는 어른들의 아버지'라고 한 윌리엄 워즈워스가 「무지개」에서 노래한 것처럼 어린이는 어른들이 상실한 정신세계의 원형을 간직하고 있다는 점에서 이해해야 할 것이다.

이런 관점에서 보면 시의 발상이나 전개 그리고 마침에 이르기까지 길향숙의 시편들은 비교적 짧으면서도 투명한 이미지로 자신을 보여주고 있다 하겠다.

그의 작품 가운데 다음의 시를 보면 그 소위所謂가 더 분명해질 것이다.

예순이와 싸운 지
삼 일 되던 날
앞서거니 뒤서거니
입 꾹 다문 하굣길

예전처럼 동네 어귀
논두렁에 앉아
자운영, 패랭이,
제비꽃을 땄다

한 움큼 풀꽃을 쥐고
서로 다가섰는데
차마 내밀지 못해
노을빛이 애를 태웠다.

-「화해」 전문

12행의 비교적 짧은 시이다. 어린아이들의 심리를 주제로 한 것이지만 어른도 공유할 수 있는 시이다. 쑥스럽고 어색한 순간을 목격하고 있는 것은 노을이라고 말함으로 마지막 마무리를 자연스럽게 이끌어내고 있다.
 또 다른 작품 「사랑의 과정」을 보자.

 들꽃에게 물었다

 왜 흔들리니
 바람이 다정하게 말을 걸어왔어요

 왜 떨고 있니
 바람이 갑자기 쌀쌀해졌어요

 왜 울고 있니
 떠나간 바람이 그리워요.
  　　　　　　－「사랑의 과정」 전문

 먼저 언급한 「화해」처럼 불과 7행의 짧은 시로 바람과 들꽃의 관계를 설정하고 만남과 헤어짐까지의 과정을 재치 있게 그려내고 있다. 이러한 것은 그만큼 그의 사물을 바라보는 시선이 섬세한 감정을 소유하고 있다는 것을 보여주는 방증이라 할 수 있다.
 요즘 시들이 너무 난해하거나 아니면 너무 장황한 설명으로 극단으로 나뉘어 품격을 상실한 점을 감안한다면 눈여겨볼 만한 부분이라 할 수 있을 것이다.

2.

 길향숙의 시는 대부분 일상에서 만나는 평범한 사물에 의미를 부여하고 이와 더불어 느끼고, 깨닫고, 매듭을 풀어가는 과정 속에서 건져올린 어떤 것들이다. 따라서 그는 창작을 위한 특별한 체험이라든지 직설적인 호교를 드러내지 않는다. 아래의 시편들을 보면 쉽게 이해하리라 본다.

> 세모에
> 마지막 달력을 뗀다
>
> 이제 열두 겹의 양파 껍질
> 다 벗겨냈네
>
> 한 겹 또 한 겹 벗길 때마다
> 매운 눈물 쏟아지고
>
> 눈물 쏟을 때마다 함께
> 울어주시는 분 계셨지
>
> 자식은 내 손에 든 양파였는데
> 아~ 나 또한
> 주님 손에 들린 양파였구나.
> 　　　　　-「양파」 전문

양파를 벗기면서 흘리는 눈물을 형상화한 것이다. 여기에는 신앙의 도그마도 없고 직설적인 노방의 외침도 없다. 살아가면서 매번 체험한 상황을 생각하며 절대자의 장중에 있는 자신과 자녀를 위해 흘린 자신의 눈물을 대비시켜 놓았을 뿐이다.

  다음의 작품 「쓴맛」도 같은 상황을 설정하고 동일한 의미를 부여하고 있으며 거기에서 깨달음을 얻고 있다.

> 앞치마에 봄 들판을
> 싸안고 들어오신 어머니가
> 쑥국에 씀바귀 무치던
> 부뚜막에서 익힌 손맛
>
> 인생도 단맛보다 쓴맛이었지만
> 어지간하면 삼키고
> 소화해 낼 수 있었던 비결은
> 몸에 밴 그 쓴 나물 덕분이었다
>
> 더러 내뱉고 싶은
> 혀에 쓸개 같은 날들 닥칠 때면
> 익모초 대접 받쳐 들고

"눈 꼭 감고 단숨에 마시거라"
토닥토닥 쓴맛을 응원하시던
아버지 눈빛 떠올라
불끈 주먹 쥐고 일어서곤 한다.
─「쓴맛」 전문

상기 시에서 보듯 익모초 한 대접을 마시던 유년의 기억을 떠올리며 쓴맛과 단맛을 삶의 쓴맛과 단맛으로 대비시켜 자연스럽게 엮어내고 있다.
길향숙의 시적 재료는 이와 같이 잠시 스치고 지나갔던 순간의 기억이든지 아니면 체험 그리고 일상의 한 부분으로 남았던 편린들을 잠언적 경구로 연결시킨 것들이다. 그리고 그를 통하여 깨달음을 넌지시 암시하고 있다.

3.

시인 길향숙이 보여준 작품 전편을 흐르는 목소리는 크지 않다. 조용하고도 나직하다. 소재로 선택한 제목들이 그렇고 이미지가 그렇고 형상화시키는 방법도 그러하다. 더불어 신앙고백도 마찬가지이다. 강한 주장이나 교리도 없고 광야의 외침도 들리지 않는다.

단지 조용한 눈빛으로 시적 대상을 주시할 뿐이다.
그의 천성을 보여준 셈이다.

> 사노라면 나도 모르게
> 어느새 사나운 욕심
> 미움 불쑥 자라
> 만월이 되어 있습니다
>
> 이럴 땐 매일매일
> 조금씩 덜어냅니다
>
> 시퍼렇게 착색되어 버린 위선과
> 비곗덩어리 같은 이기심도
> 여러 날 몸부림치며 녹여내다 보면
> 그믐달로 돌아오게 됩니다
>
> 그렇게
> 빈 그릇 되어서야 별을 담고
> 바람도 한껏 안을 수 있습니다.
>   -「달의 기도」 전문

 이와 같이 만월에서 그믐달까지의 변모하는 과정을 바라보면서 내려놓음과 채움을 대비시키고 있다.

이러한 암시는 작품 「감자」에서도 잘 나타나고 있다.

    다용도실 시래기 걸린 벽면
    인상 찌푸린 박스 하나 엎었더니
    밑바닥에 깔려 썩은 감자

    무거운 것은
    쌓아 두지 말자

    세상을 잃었다고 눈물 담아
    봉해 두지 말며
    억울하게 졌다고 증오의
    탑을 짓지도 말자

    넘치는 것이라면 바삐 소비하고
    쌓인 것이라면 애써 나누자

    멍들고 병들어 곪아터질
    세상 보물 다 흙 묻은
    감자 아닌가.
                  -「감자」 전문

그의 시편들은 대부분 쉬우면서도 피부에 잘 와 닿는 경구적 의미와 동심의 세계를 간직하고 있다. 사람들이 바쁜 생활 가운데 망각하며 살아가고 있는 판타지의 세계로 연결시키고 있는 것들이다. 따라서 꾸밈의 수사학과는 거리가 먼 가식 없는 바탕을 보여주고 있다고나 할까.

> 태워도 태워도
> 하얀 살
> 벗어도 벗어도
> 하얀 옷
> 찢겨도 찢겨도
> 하얀 피
> 미워도 미워도
> 하얀 맘.
> -「눈사람」 전문

흔히 볼 수 있는 겨울 풍경을 단 몇 행의 글로 압축하고 있다. 신앙시에 어떤 특별한 체험이 필요하다거나 수도자들의 고행이 요구되거나 은둔자의 길을 가지 않더라도 가능하다는 것을 보여준 셈이다. 여기서 그는 눈사람을 자신과 환치시킴으로 사실감을 더하고 있다.

이처럼 시인 길향숙의 창작 방향은 단순하고 소재는 많다. 오스왈드 챔버스*의 말대로 가벼운 일상일지라도 전능자가 정해 놓은 일임을 알고 있는 그의 미래는, 앞으로도 변함없는 생명을 이어나가게 되리라 본다. 그의 작품이 이를 증명하고 있기 때문이다.

*목회자(영국, 1874 –1917).